DES
INSTITUTIONS
Nouvelles nécessaires.

———◦◦———

On le peut, je l'essaie, un plus savant le fasse.

(LAFONTAINE).

———◦◦———

Par P. A. DEMOL.

———◦◦———

Prix : 50 Centimes.

———◦◦———

Chez **CHEYNET**, à Aubenas.

AUBENAS, IMPRIMERIE DE CHEYNET.

1849

DES INSTITUTIONS NOUVELLES NÉCESSAIRES.

> *On le peut, je l'essaie, un plus*
> *savant le fasse.*
>
> (LAFONTAINE).

A NOS LÉGISLATEURS,

On a souvent reproché aux républicains de détruire, mais de ne pas construire. La raison est facile : les réformateurs à la vue des abus sociaux, auraient voulu table rase : trop demander empêche de rien obtenir. Nous sommes dans un moment de transition, notre avis est donc de laisser les organisations actuelles, toutes défectueuses qu'elles sont, et de les amender successivement : ainsi, l'armée, quoique bien lourde, est organisée, la justice, prétendue gratuite, quoique très chère, est organisée, l'administration intérieure trop compliquée et trop coûteuse, est organisée ; nous demanderons successivement les améliorations nécessaires à tous ces systèmes mais dès-à-présent nous demandons des institutions nouvelles, pour les besoins nouveaux, et que les parties nécessaires au bien général, non organisés, le soient, sur des bases développées et reçues par les idées nouvelles. Ainsi le crédit foncier et le crédit privé, ne sont pas organisés, ainsi le travail n'est pas organisé, ainsi le commerce, considéré dans l'intérêt général, n'est pas organisé. Or qu'est-ce que la république ? Si on répond c'est le gonvernement de tous par tous, on ne sait ce que l'on dit, c'est là un mot creux et inintelligent ; on n'a pas réfléchi. La république est la raison *raisonnable* de l'existence de chacun, et la sauve-garde des intérêts de tous. Le gouvernement républicain doit donner à chacun le moyen de vivre, en travaillant selon ses forces.

L'égalité ne consiste pas à faire descendre les hommes forts au niveau des hommes faibles, elle consiste dans les moyens donnés au faible, par nos institutions, pour ne pas craindre l'abus du fort, c'est le marche-pied donné au petit pour le mettre à la hauteur du grand, l'égalité élève et n'abaisse jamais !

Nous allons non pas demander, mais proposer pour arriver à ce but, nos idées et nos plans d'or-

-ganisation : D'abord, nous insisterons sur l'observation suivante ; nous ne saurions trop répéter, que notre système ne s'impose à personne, nous laissons chaque chose dans son état normal actuel. Nous n'empêchons rien de ce qui existe, seulement nous demandons des institutions nouvelles pour des besoins nouveaux. Jusqu'ici l'intérêt isolé, ou l'égoïsme sont un fait, c'est le résultat de nos lois. Nous n'abrogeons rien, seulement nous donnons de nouvelles lois organiques, non violentes, non obligatoires, pour arriver à un résultat diamétralement opposé. Nous donnons les moyens nécessaires par de nouvelles institutions et chose remarquable, pour arriver là, nous n'avons besoin d'aucuns fonds, et nous centuplons le capital actuel.

La question présente est surtout la question financière, nous allons en chercher la solution.

Mais avant toutes choses, pour bien nous entendre, il est bon d'expliquer nos principes ; de nos principes, nous déduirons les conséquences logiques et nous arriverons à des résultats mathématiques.

DE LA PROPRIÉTÉ.

Différentes personnes ont écrit sur cette question, elles ne se sont pas entendues et ne devaient pas s'entendre. On a fait de la propriété un droit unique, on s'est trompé, en ce sens que la propriété n'est pas un fait unique et uniforme, car il est des propriétés de plusieurs espèces.

D'abord partons de la propriété mobilière ;
Elle se compose des objets personnels, et que
nous tenons sous la main ; ce sont nos hardes ,
nos meubles, nos armes nos tableaux etc., J'é-
tends même la proprieté mobilière à notre habitation. De pareilles propriétés n'ont été attaquées
par personne, c'est pour s'en assurer la jouissance paisible que l'homme cède à la société ,
une partie de sa liberté. Venons à la propriété
immobilière, celle-là se subdivise :

Il y a d'abord la propriété du sol, dont nous
jouissons par nos mains , que nous avons planté
etc., celle-là est encore à l'abri de toute espèce
d'attaques, par la même raison que la propriété
mobilière.

Il y a là une émanation de notre être, une
partie de nos sueurs. Attaquer cette espèce de
propriété serait nous attaquer nous-même, il est
une autre propriété immobilière, tout-à-fait dif-
férente de la précédente ; propriété qui n'a rien
de personnel. Par exemple j'habite Paris et j'ai
une propriété dans les Bouches-du- Rhône ; un
autre la cultive, la soigne , l'ensème, en fait la
récolte, évidemment dans ce cas, pour l'homme
qui passe dans la localité le véritable propriétaire, c'est ce colon, Si j'ai cette propriété, c'est
simplement par un droit de la loi, c'est-à-dire
par une fiction légale. Ces propriétés sont donc
des propriétés fictives, pour leur donner une dénomination spéciale.

A l'égard de cette espèce de propriété , nous

en demendons le réglementement : Nous pouvons à ce sujet nous appuyer sur des précédents.

Ainsi, l'argent est une propriété mobilière et réelle, mais sa circulation est nécessaire au bien général, et la société : dans l'intérêt commun, a cru devoir réglementer sa valeur ? c'est-à-dire le droit de l'argent, ou son intérêt. Elle défend d'abuser du besoin que peut en avoir un individu et elle punit sévèrement l'usure..

L'usurier est un voleur, c'est reconnu : et quand à nous, bien que cette loi frappe la liberté de la propriété, nous la considérons comme juste. Nous ne pensons pas être démentis par les honnêtes gens.

Certes, si l'argent est une chose nécessaire, et dont l'intérêt puisse et doive se réglementer, la terre, le sol aussi sont choses nécessaires. Pourquoi la loi ne réglementerait-elle pas leur intérêt ? Moi propriétaire réel de mon argent, je n'ai pas le droit d'en exiger un intérêt usuraire, c'est-à-dire qui ne permette pas à l'emprunteur d'avoir un juste profit et le propriétaire fictif d'un immeuble territorial pourra l'affermer à de telles conditions, que le pauvre diable qui le prendra, au bout de l'année aura juste, vécu (j'admets encore qu'il ait vécu), et tout le fruit de son labeur, tout le fruit du champ, et de la sueur du colon, arrivera au propriétaire fictif ! Non cela n'est pas juste. C'est l'usure du sol. Ainsi nous demandons un remède à cet abus et nous l'indiquons ainsi.

Dans chaque localité un jury estimera pour qu'elle quantité le sol et la peine entrent dans les produits , et tout fermier, malgré toutes les conventions contraires, pourra payer le propriétaire avec la quantité des produits déterminés par le jury pour la part du sol ; de cette façon , le propriétaire aura intérêt à choisir un fermier travailleur et intelligent. Le travail et l'intelligence deviendront un capital, dès lors l'intelligence en agriculture, rapportera et elle s'y appliquera. C'est un des moyens les plus rationnels d'encourager les travaux du sol.

Ensuite, n'est-il pas juste que le propriétaire fictif porte sa part de l'inclémence des saisons et des malheurs de l'année ? La loi l'avait prévu, mais tous les baux sont stipulés de manière à faire supporter ces pertes par l'agriculteur seul.

Si vous appelez l'usurier d'argent voleur, comment appellerez-vous l'usurier du sol ?

Nous avons donc déjà divisé la propriété en trois classes. 1° La propriété mobilière et l'habitation, 2° le sol que nous cultivons par nousmême et 3° enfin la propriété immobilière fictive.

Dans cette cathégorie se rangent naturellement les loyers des maisons.

Il nous reste un quatrième ordre de propriété et ce n'est pas le moins important.

Tout ce qui vient et produit sans l'œuvre de l'homme est le bien de Dieu, or comme tous les hommes sont les enfants égaux de Dieu , ils pen-

sent y avoir un même droit. Mais qu'est-il arrivé ?
La force a fait des esclaves, comme ces esclaves
étaient inutiles s'ils ne fesaient rien, les forts
ont employé les faibles. et se sont emparés du
produit de leur peine ; les forts ou vainqueurs se
sont divisés le sol. Pierre s'est attribué telle portion, et Paul telle autre portion. Lisez l'histoire et
vous verrez leurs querelles à ce sujet ; mais dans
toutes ces querelles, le sujet ou serf restait indif-
férent ; il devait travailler pour Pierre, ou pour
Paul, peu lui importait, car en définitif, Pierre
ou Paul et souvent Pierre et Paul prenaient dans
le produit de sa culture la portion qui leur con-
venait. Les vainqueurs avaient ainsi donné aux
faibles certains terrains à cultiver, et sur les
produits, ils prélevaient les dîmes, les droits de
gabelles, les sens, les accens etc. etc. Mais il
est des portions du sol, qui donnent des produits sans être cultivées ; celles-là, ils s'en sont
emparés ; tels étaient les droits de chûte d'eau
ou moulin, les forêts, les rivières, les marais, les
lacs etc. etc. Alors, ces propriétés appartenaient
en propre aux maîtres, aussi peut-on les appe-
ler domaniales, ou du Seigneur, la force a fait
leur droit.

Aujourd'hui quelques-uns nous disent, nous
nous sommes comptés ; nous sommes les plus
forts et ce que la force a fait, la force peut le dé-
faire ; nous en convenons, ce syllogisme ne manque pas d'une certaine préciosité : mais il faut
remarquer une chose, depuis longtemps cette

propriété est sortie de mains premières par des contrats librement consentis et d'ailleurs, en remontant trop haut, nous tomberions dans le cahos ; la prescription est la sauvegarde de l'humanité ; admettons donc cette quatrième espèce de propriété, mais convenons d'une chose, c'est que cette propriété que nous tolérons, ne peut engendrer aucun droit excessif. Si nous ne vous disons pas, ce que Dieu a crée, est pour tout le monde, au moins n'abusez pas de notre tolérance. Si ce genre de propriété ne retourne pas dès à présent à l'État, ces propriétés doivent porter progressivement les impôts d'une manière plus forte, car c'est Dieu qui paye.

Autrefois dans les forêts notamment, chaque habitant voisin, avait le droit de prendre du bois pour ses besoins, delà sont dérivés les droits d'usage : toutes les grandes forêts domaniales en sont grevées ; mais remarquons une chose, les forts avaient si bien arrangé tout celà, que le faible était censé jouir de ce droit *naturel*, par simple tolérance.

Étrange obbération des principes !

On a trop oublié dans toutes nos constitutions, l'origine de la propriété domaniale, ou féodale ; elle n'est pas comparable aux autres propriétés, où s'exerce la main de l'homme.

Cette dénomination de domaniale n'est pas nouvelle, nous appelons encore une propriété un domaine, cette appellation nous montre que la propriété particulière choses créées par Dieu seul, est un reste de féodalité.

Telle est notre opinion sur la propriété en général, nous voulons les conserver toutes, mais nous en demandons le réglementement. Pour la 3° espèce, ou les propriétés fictives, nous demandons un jury établissant la part du sol dans les produits ; pour la 4° espèce, ou propriété féodale créée par Dieu et produisant sans les bras de l'homme, nous demandons une surtaxe progressive dans les impôts, il est bien clair que le propriétaire d'un bois suffisant seulement à son usage personnel ne doit aucun impôt extraordinaire. En un mot nous voulons le réglementement, ou l'organisation de la propriété.

Nous allons passer à un autre ordre d'idées, c'est-à-dire au commerce.

Du commerce et des commerçants.

On a dit à satiété et répété de manière à lasser les oreilles les plus patientes, le commerce est la richesse des nations, il faut s'entendre.

Sans doute un pays borné à ses produits, une localité telle riche soit-elle, réduite à vivre chez elle et par elle seule, serait un pauvre et triste pays.

Réunir le midi au nord, le levant au couchant, les faire participer aux produits de ces diverses contrées, augmenter la consommation, produire la jouisssnce, c'est bien, c'est utile, c'est nécessaire, car la jouissance est la richesse réelle ; si c'est là le but du commerce, est-ce bien là le but du commerçant ? jusques ici, la société n'a rien organisé pour le commerce, pour mettre ses bienfaits à la portée de tous, elle l'a laissé s'agiter dans un cercle d'égoïsme et d'isolement. Pour rendre le commerce, non plus avantageux à un particulier, mais à tous, il faut le débarrasser de ses entraves, c'est-à-dire des êtres si non oisifs au moins oiseux, rapaces et avides, nommés commerçants, tout en leur laissant leur liberté d'action, il faut organiser des institutions propres à donner à la société tout le bénéfice et la douceur du commerce, en diminuant ses charges; favoriser les commerçants actuels, c'est nuire au commerce, car les commerçants sont la ruine du commerce, ils en accaparent tout le profit, expliquons-nous;

Qu'est-ce qu'un commerçant? C'est l'être intermédiaire entre le producteur et le consommateur; c'est un être improductif pour la société, un être égoïste, une sangsue double, qui prend au producteur et au consommateur, c'est le lichen parasite qui ronge la pierre, c'est le guy qui épuise le chêne, qui fait fortune, le commerçant? qui se ruine, le producteur?

La raison en est simple.

Voyez les commissionnaires en soirie; savez-vous à quel taux se monte l'intérêt de l'argent par leurs différentes commissions? à 15 et 16 p. 0/0; que produisent-ils? Pas seulement un cocon.

Pour mieux faire comprendre ces idées, je vais prendre un exemple :

Je suis fermier, j'ai un troupeau, je produis de la laine ; voyez par quelle filière je suis obligé de passer pour avoir le drap tissé avec ma laine. D'abord, je vends ma laine au marchand en détail, celui-ci la vend au marchand en gros, qui la vend au fabricant. Une fois fabriqué, le drap fait pour me revenir le même chemin. Le fabricant le vend au marchand en gros, le marchand en gros au marchand en détail et ce dernier au tailleur, de qui je l'achète. Croyez-vous que ce drap ait passé dans toutes ces mains sans y rien laisser ? Dans chacune il a laissé beaucoup, et je paye 25 ou 30 fr. ce qui, sans tous ces intermédiaires, pour la laine et le drap, coûterait 18 ou 20. fr.

Et pourtant quels sont les deux êtres utiles ? Moi fermier producteur et consommateur, et le fabricant, tout le reste, c'est de la superfétation. Si nous étions en présence, producteur, fabricant et consommateur, nous gagnerions tous en donnant les choses presque à moitié prix. Il y a bien un autre être utile, c'est le roulier ; mais dans l'état actuel des choses, il y a un plus grand nombre de déchargement, et parconséquent un plus grand nombre de frais, ce qui augmente le prix des denrées, sans profit pour personne. Que doit donc faire un nouvel ordre de choses ? Rapprocher le producteur du consommateur ?

J'ai connu un marchand bonnetier, qui a gagné 80,000 f. de rente à être ainsi intermédiaire entre le producteur et le conservateur, j'ai connu

et je connais encore, deux marchands de nou-
veauté, qui ont gagné chacun 3 millions à servir
ainsi d'intermédiaires. Cependant le marchand
bonnetier n'a jamais produit une houpe de bon-
nets de coton, ni les marchands de nouvautés
un seul mètre d'étoffe, que produisent les commissionnaires? Cherchez dans votre mémoire, et
vous trouverez, j'en suis sûr, des fortunes pareilles et de même origine, Appellerez-vous ces
gens là des travailleurs? Q'ont-ils produit pour
le bien de la société? Non, nous ne nommerons
jamais *travail au point de vue social*, *cette agi-
tation*, *ce mouvement* que se donnent certains
êtres pour faire *leur fortune aux dépens de tous.*

Vous le voyez, le commerce dans son état actuel ne profite pas à la société il lui pèse, il l'é-
crase; Je le répète, les commerçants sont la
plaie du commerce, à eux seuls les bénéfices.

Je me trompe, il est une classe d'individus,
auxquels profite le commerce. Gens improductifs également. Ce sont les propriétaires dans les
grands centres, à Paris par exemple.

Une certaine quantité de terrain, prise dans
un beau quartier, a pour bâtir une valeur exa-
gérée. Ainsi ce qui vaudrait comme valeur in-
trinsèque dans les plaines de la Beauce, 500 fr.
vaudra sur le boulevart des Italiens 5 millions.

Il faut que l'intérêt de cet argent sorte. De
quoi se compose principalement l'exagération
du prix des locations? Du prix de location des
boutiques; ainsi, une boutique qui vaudrait pour

prix de logement ordinaire 400 fr., s'affermera selon sa position 2,000 fr. comme boutique, l'excédant des locations des boutiques, sur le prix de logements ordinaires, s'élève dans la ville de Paris, à plusieurs centaines de millions et dans les différentes villes de France, à plus d'un milliard et demi; Qui profite de tout celà ? Le propriétaire de maison ? Être improductif. Qui paye ce milliard et demi ? Le producteur et le consommateur ? Car enfin cette somme plus que suffisante pour payer le budget de l'empire, se prend sur le prix des marchandises vendues.

Ainsi, notre budget tout entier serait facilement acquitté avec toutes ses charges, par l'excédent seul du prix de locations des boutiques dans les grands centres, sur le prix normal de ces locaux, considérés comme simple habitation. Bien que, comme nous l'avons dit, l'État ait le droit de réglementement, nous ne proposons pas ici de réduire le prix des locations des boutiques, nous voulons, tout en laissant la liberté d'action à chacun, créer des institutions nouvelles, propres à ramener les choses à leur état normal et rationnel.

Du travail.

On a discuté longuement sur le droit au travail ; il n'a pas été inscrit dans la constitution, pour l'empêcher on a exagéré la portée de cette énonciation,

On peut tout pousser à l'extrême, mais c'est une mauvaise argumentation pour faire rejeter une proposition, d'en signaler l'abus comme son état normal. Il fallait réglementer ce droit et non le repousser.

Le peuple a plus de bon sens que nos législateurs outrés. Il ne demande ni l'impossible ni l'injuste.

Que veulent les ouvriers ? Ne plus être exploités par le capital ? De quoi se compose ce capital ?

1° Du local, 2° des outils, 3° de la matière 1re 4° des avances, or, que faut-il faire pour empêcher à ce capital d'exploiter l'ouvrier ? Un enfant répondrait : Il faut le procurer à un juste taux ? l'État peut le faire, sans bourse délier, le moyen en est simple.

1° Le local, dans tous les grands centres, la nation possède, ou des casernes, ou des palais, ou de vielles églises ou d'autres vastes établissements; dans les endroits où de pareils locaux manquent, il n'y en a généralement pas besoin. Mais en tous cas, il est aisé de remédier à ce manque. On est certain des loyers et des particuliers en fourniront, ou même en feront établir. Mais commençons par ceux où ces établissements existent, l'État en retirera un juste loyer, comme il sera expliqué tout-à-l'heure, et aulieu de lui être à charge, ces bâtiments lui rapporteront. Dans ces locaux, seront reçus tous les ouvriers qui le demanderont, on mettra à leur disposition tous les objets nécessaires à leur travail; mais ils n'auront pas le droit de rien enlever.

Voilà pour le local.

2° Les outils. Il est un grand nombre de fabricants d'outils. Certains ouvriers peuvent en manquer, pas un marchand, fabricant d'outils, ne
refusera de vendre, ou louer à l'ouvrier, à un
un prix dans lequel interviendrait l'État comme
garant, (cela empêcherait l'usure des fabricants
d'outils envers l'ouvrier), les divers outils nécessaires, on les donnerait en compte à l'ouvrier,
celui-ci, n'aurait pas le droit de les sortir des
ateliers de l'État, des agents responsables seront
chargés de cette surveillance, et le livret des ouvriers, serait la garantie des surveillants. Vous
le voyez, pour les outils et le local, l'État peut
les procurer sans bourse délier.

3° La matière première : C'est là le cas de
mettre en évidence, et d'expliquer un plan d'organisation du commerce. Nous avons vu que
dans son état actuel, le commerce n'est pas organisé, il est abandonné à l'intérêt individuel ,
toujours égoïste et souvent incapable. Quel est le
remède à cette plaie du commerce appelée les
intermédiaires ? De rapprocher le producteur et
le consommateur. Dans chaque canton, il faut
un vaste magasin ou bazar, des chantiers même.
Le producteur des différentes marchandises les
envoie dans ces magasins garantis par l'État.
L'ouvrier ou autre consommateur, trouve sous
sa main dans toutes les localités, les objets dont
il a besoin, et cela, au véritable prix de revient.

Dans chaque canton et dans chaque grand centre, nous demandons des ateliers de confection et des bazars de vente. Pour mieux nous faire comprendre, nous allons citer un exemple : En 1842, nous avons vu, à Paris le fait suivant : Un ouvrier ébéniste bien connu d'un marchand de bois d'ébénisterie, pour sa manière de travailler, vient lui demander du bois pour faire une toilette élégante, le marchand se fit expliquer le modèle et lui remit le bois aux conditions suivantes : l'ouvrier fit sa toilette et l'apportat au marchand, elle lui fut payée sur le prix de 40 fr. et le marchand gardait 20 fr. pour son bois : Nous avions examiné ce bois et s'il avait été vendu contre de l'argent, le marchand qui le tenait de seconde main, l'aurait facilement donné pour 12 fr. Ce n'est pas tout, le même marchand vendit à un marchand de meubles la toilette 60 fr., combien celui-ci l'a-t-il vendue ? Nous l'ignorons ? Nous en avons demandé souvent de pareilles, on les fait 90 fr., il est vrai qu'on y ajoute une glace de 12 à 15 fr., ce fait se renouvelle tous les jours : et voyez l'utilité des ateliers et des bazars que nous demandons. D'abord le producteur de bois aurait pu envoyer directement son bois et aurait été enchanté de le donner pour 10 fr. ; ensuite, l'ouvrier en vendant sa toilette 40 fr. aurait eu 10 fr. de plus et enfin l'acheteur aurait pu en avoir presque deux, pour le prix que lui a coûté une seule.

Cette augmentation dans les prix vient donc

de deux choses, l'usure du capital dans la portion nommée matière première, et du nombre des intermédiaires.

Ainsi en établissant ces bazars ou magasins, le producteur enverrait la matière première dans les bureaux de l'État, il la marquerait en chiffres connus de son prix de vente, l'État lui ferait sur ses marchandises des avances, comme il sera dit plus loin, le producteur et le consommateur se trouveront en présence ; le consommateur achètera à meilleur compte et le bénéfice retournera en entier au producteur.

Les ouvriers pourront y trouver les objets dont ils ont besoin, car remarquons une chose, tous les produits sortent du sol, et l'ouvrier les met en œuvre. La matière première, ainsi prise dans les magasins de l'État serait portée dans ses ateliers où l'ouvrier la travaillerait sans avoir le droit de l'enlever. Elle lui serait donnée en compte, l'ouvrage ainsi confectionné, serait porté dans les bazars pour être vendu et sur son prix, on retiendrait les avances faites par l'État.

Ce prix serait marqué en chiffres connus et selon l'estimation du fabricant, chaque partie aurait dans les grands centres un vendeur spécial, qui saurait du fabricant s'il doit ou non baisser ses prix : les choses ainsi faites, les marchandises seront divisées en plusieurs catégories, selon leur nécessité et leur luxe, et une prime progressive serait payée par l'acquéreur en sus du prix.

Le Gouvernement établirait une caisse de prévoyance et de retraite. Si l'ouvrier y mettait seulement le quart de l'excédant du bénéfice, qu'il fera sur celui de ce temps, il aurait bientôt un abri assuré,

4° Nous avons déjà le local, les outils; la matière première, restent à stipuler les avances et surtout que l'État peut faire ces avances, sans bourse délier, comme nous l'avons annoncé.

Nous l'avons dit : l'État a donné en compte à l'ouvrier, le local, les outils et la matière première. Quand l'ouvrier a fini son travail, on estime ce qu'il vaut, on retient les avances faites et le surplus on le donne à l'ouvrier; cette estimation est faite en faveur de l'État, c'est-à-dire de manière à ce qu'il n'ait pas de chance de perte, les intérêts de l'ouvrier seront sauvegardés, nous le montrerons tout-à-l'heure.

Maintenant, comment l'État fera-t-il ces avances sans bourse délier; voici le moyen. Un producteur envoie dans les magasins de l'État des marchandises, qu'il veut vendre 100,000 fr. le jury de l'État les estime 80,000 fr., l'État avance au producteur 60,000 fr. en bons, payables à 6 mois, et ayant cours forcé. Ce ne sera point là du papier monnaie, mais une valeur réelle, tout aussi bien que de l'argent, car l'argent en définitif, ne sert qu'à procurer des marchandises et ce papier, pourra toujours nous en procurer, il sera reçu dans les magasins de l'État comme ailleurs, il aura une garantie réelle, ce sera un prêt sur gages, l'État fera de même les avances à l'ouvrier, ce sera là l'organisation du crédit personnel. Le travail deviendra un capital aussi bien que le sol. On agrandira ainsi indéfiniment le crédit et tout sera cautionné.

Maintenant ce n'est pas le tout, l'État doit rentrer dans ses avances et faire face à ses engagements. Il peut en être empêché par bien des motifs, d'abord, si le producteur veut trop cher de ses produits, il n'y aura pas d'acheteurs.

Toutes les ventes se réduisent à des ventes pour deux saisons, une d'été, une d'hiver; c'est pourquoi nous avons pris le terme de 6 mois. Celà fait, dans le cas, où au bout de 3 mois, la vente n'aurait pas eu lieu, l'État avertira le producteur, celui-ci aura le droit de continuer sa marchandise en consignation, en baissant toutefois la mise à prix d'une manière appréciée par le jury et dans le cas, où un mois après, la vente n'aurait pas eu lieu, l'État sera autorisé à vendre aux risques et périls du producteur, jusqu'à concurrence de ses avances, ou de ce qui lui reste du, à moins que le producteur ne rembourse ce qu'il doit à l'État. Il en sera de même pour les avances faites à l'ouvrier.

Enfin, la vente peut manquer par encombrement des produits, mais ces bureaux peuvent servir à constater les productions au-delà des chances de la consommation et l'État les connaissant, ne devra faire à cet égard que des avances minimes, ce sera un document à consulter dans nos rapports internationaux.

Un autre avantage de ces magasins c'est de favoriser les échanges directs : Combien de fois n'arrive-t-il pas en effet, à des gens, d'avoir de la marchandise et pas d'argent ; combien souvent n'arrive-t-il pas à d'autres, de vendre pour se procurer divers objets, n'est- il pas d'un gouvernement équitable de rapprocher les uns des autres, et de les délivrer des intermédiaires improductifs et rapaces.

J'ai connu cette année à Auxerre, (Yonne) un propriétaire de vignes ; il avait 500 feuillettes de vin, ou 650 hectolitres environ, il les donnait pour 500 fr. et ne pouvait les vendre ; si des bureaux pareils avaient été établis, il aurait pu dans bien des localités voisines, dans le Morvan^d par exemple, envoyer son vin, il l'aurait chang^é contre des tonneaux vides dont il avait besoin et cela à un prix plus élevé tous frais compensés à son grand contentement et à celui des échangeurs. Un jour par semaine doit donc être plus spécialement affecté aux échanges, là viendront les échangistes, ou plutôt échangeurs et ils se trouveront naturellement en rapport.

Nous avons dit qu'une prime serait prélevée en sus du prix de vente, cette prime devra être graduée d'après les principes suivants ; Aussi basse que possible, pour les échanges directs, soit 1/4 p. 0/0, un peu plus élevée pour les objets de première nécessité, enfin elle augmentera selon que les objets vendus seront plus luxueux, mais dans aucun cas elle ne pourra excéder 10 p. 0/0.

Nous avons vu, que *le prix anormal des boutiques* suffirait *à lui seul* pour payer le budget avec toutes ses charges, à quel taux se monteront donc les primes en question ? La seule différence du liard au centime, dans le petit commerce de Paris, donne des centaines de mille francs ; voyez quelle somme énorme sera le résultat de ces primes, elles s'élèveront à plusieurs milliards et chose digne de remarque, tous les objets vendus seront à un prix bien inférieur au taux actuel.

Ces bureaux par la graduation des primes, établiront en réalité l'impôt progressif. Chacun en effet payera selon qu'il consommera et en proportion de la finesse de sa consommation, c'est là le véritable et juste impôt sur le revenu.

L'État laisse pleine liberté à tout le commerce actuel, seulement il donne une nouvelle organisation sociale à ce trafic, laissé jusqu'à présent à l'égoïsme ; les moyens indiqués plus haut et employés par l'État, pour faire concurrence à cet égoïsme, ne seront plus dangereux, mais avantageux au pays, il donnera tout à meilleur marché, et il payera toutes les charges sociales, le producteur aura néanmoins une plus forte part dans les bénéfices et le consommateur avec la même somme, se procurera plus de jouissances. Nous demandons donc le bien général.

Les magasins de l'État auront la préférence sur les autres par les raisons suivantes, d'abord il donnera à meilleur compte, en second lieu, l'État n'aura aucun intérêt à tromper et c'est là un motif de préférence impérieux, car où trouverez-vous plus de tromperies que dans le commerce de détail? Que de chicorée dans le café, de sel de varec dans le sel! etc. Le commerce comme il est organisé ou désorganisé est une grande tricherie et remarquons une chose en passant, c'est que le tricheur en général est seulement l'intermédiaire, c'est rarement le producteur.

L'État doit s'emparer des chemins de fer et des canaux, comme il a déjà les fleuves, l'État prendra pour les transports une somme moindre sur les objets adressés dans ses magasins ; ce sera le moyen le plus rationnel pour s'attirer la préférence, ensuite il fera des avances comme consignataire sans les intérêts et commissions ruineux des maisons particulières. La marchandise arrivant dans ses magasins et se vendant à meilleur compte, les acheteurs y viendront : Une fois les ventes faites, l'État retient le capital par lui avancé et donne le surplus au producteur, ouvrier ou autre.

Vous allez, me dira-t-on, déranger des existences; c'est vrai, mais tant pis! ne vaut-il pas mieux faire profiter chacun de son travail, et l'État du travail de tous, que d'engraisser des intermédiaires, oiseux, égoïstes et improductifs? Les lois et organiasations doivent être faites pour le bien général, et non dans des intérêts particuliers, il y a trop longtemps que ce système est en vigueur.

Quand ces bureaux seront établis, les associations entre les divers ouvriers se feront seules et sans commandement de la loi. L'intérêt les leur fera établir. Ils auront le capital, et dans les pays de manufactures ou d'usines, ces associations trouveront facilement à affermer des usines montées, le gouvernement les garantira, les produits seront mis dans ses magasins et sur leur vente il retiendra le prix des loyers.

Chaque mois l'État publiera les prix des denrées dans les différents bureaux, chaque bureau aura le tarif du prix des transports de sa localité aux différents bureaux, et par un simple calcul, chaque producteur pourra envoyer ses produits dans l'endroit, où la vente lui paraîtra avantageuse, il résultera de la sorte un prix à peu près égal pour toutes les productions dans toute la France.

DES OUVRIERS DU SOL.

Nous nous sommes occupés des ouvriers des villes et des différents corps d'État, mais il nous reste à nous occuper d'une classe au moins aussi intéressante, je veux parler des ouvriers du sol. Jusques ici, ils ont été dédaignés. On s'est contenté de faire des phrases en leur faveur, le vieux préjugé de la Glèbe pèse encore sur eux.

Les arts dits libéraux ou manufacturiers ont

été protégés efficacement en France et même exclusivement ; le tout aux dépens de l'agriculture.

C'est pitié d'entendre nos économistes, vanter les gros fabricants et dire sans cesse ; ce fabricant fait vivre 100 familles. Ce seraient plutôt les 100 familles, qui font vivre le fabricant ; mais c'est le cultivateur, qui nourrit l'un et l'autre à la sueur de son front ; et de tous, il est le plus mal nourri ; il produit la fine fleur du froment, et il ne mange que le son ; il produit les vins les plus fins, il ne boit que de la piquette, il produit la soie et porte la bure, il produit les mets les plus délicats, et se nourrit des mets les plus grossiers. La récompense est l'inverse de la peine, tout ce qu'il y a de bon et d'exquis est pour l'oisif, l'oiseux, l'usurier, le patrocineur, enfin pour les gens de différentes espèces qui sucent le sang du pauvre monde,

L'agriculteur, le père nourricier de tous, est le paria de la société ; à lui toutes les charges : il supporte l'usure du sol, l'usure du capital, les prestations, qui sont l'ancienne corvée, le fisc, et les impôts de toutes sortes ; tout lui arrive sur le dos ; il est toujours serf, toujous taillable et corvéable, à merci et miséricorde !..... Il appartient à la République de faire cesser cet état de choses. Dieu a donné la terre à tous les fils des hommes et non à quelques-uns, pourquoi les uns en ont-ils plus qu'ils n'en peuvent cultiver ? Pourquoi les autres sont-ils déshérités et empêchés de cultiver cet excédent ? Nous ne voulons rien changer de ce qui existe, mais nous démandons une institution telle, que chacun puisse utiliser ses bras pour lui-même. A cet effet, les communes auront toutes une propriété où chacun pourra aller travailler. La commune fournira les outils, les semences, et fera même des avances, sur le travail fait ; la récolte une fois arrivée, la commune se rembourse de toutes ses avances plus, elle a sa part du sol. Si une commune n'a pas de biens communaux, elle en aura peut-être d'hospice, sinon, on prendra une propriété fictive de la 3e catégorie, et la part du champ prélevée appartiendra au propriétaire, le reste au colon. Tous les produits viennent du sol, sur eux s'exerce l'industrie. Si par suite du trop grand nombre d'hommes, employés à cette manutention, il y a encombrement, cela n'est pas à craindre pour ces produits eux-mêmes ; avec eux on peut toujours vivre, sauf à les consommer soi-même. Ces produits sont la véritable richesse de la nation, la *manufacturerie* n'en est que la monnaie.

Favorisez donc l'agriculteur, plus d'usure d'aucune espèce. Qu'il ait le prix de son travail. Plus d'impôts. Il travaille et produit ce qui nourrit et embellit. Pourquoi frapper cette production ? Le laboureur paye par elle sa dette à la République. Sa sueur, si féconde pour la société, n'est-elle pas *un impôt suffisant ?*

Les magasins établis comme nous l'avons dit, serviront à constater les parties du service commercial, où les bras manquent, et celles où ils sont trop nombreux ; à ceux de cette dernière catégorie, qui demandent de l'ouvrage, on offre des terres à cultiver.

Telle est la manière dont nous entendons le droit au travail. Ainsi pour tous les ouvriers, on pourra dire, à chacun selon ses œuvres.

On vient de le voir, par ces institutions, de moyens de travail rural, d'ateliers, et de bazars, pour la vente, et les échanges, nous avons créé tout à la fois, une organisation commerciale, et le crédit privé.

Nous avons fait du travail un capital, et avons assuré au travailleur, tout le fruit équitable de sa peine, et tout celà sans bourse délier.

DU CAPITAL.

On appelle capital, les choses nécessaires à la production, ainsi le sol, les outils, les engrais , le bétail, les bras, l'intelligence, sont des capitaux, comme avec de l'argent on se procure toutes ces choses, on a fini par appeller l'argent un capital, mais est-ce bien un capital ? Par lui-même, non. On ne l'emploie à rien, et dans l'usage, le fer, et l'acier lui sont bien préférables. L'argent est un signe conventionnel d'échange, il représente les diverses marchandises.

Ainsi, il devrait être estimé, seulement pour les objets qu'il peut procurer, et par une étrange aberration, les objets ne sont estimés que pour l'argent qu'ils peuvent procurer ; c'est l'inverse , comme on le voit ; l'argent était un moyen, on en a fait un but.

On ne peut pourtant, ni s'en vêtir, ni s'en nourrir, ni s'en chauffer.

Malgré M. Say, je pense que sa rareté est son seul mérite. Ainsi, nous faisons en France pour 200 milliards d'affaires différentes, au moins, et nous avons seulement pour moins de 2 milliards de numéraire, sa rareté a fait sa force ; de là, la pression extrême du capital ou du capitaliste, sur tout ce qui l'entoure, de là, l'usure. La loi la défend, mais elle prend mille formes diverses, et échappe à la loi. Le seul moyen de la tuer, c'est d'ôter au capitaliste oiseux (car le capitaliste ne produit rien) la puissance dont il abuse, c'est de multiplier le capital. Quel est le moyen meilleur que le nôtre ? Nous ne créons pas des valeurs fictives : l'argent est la représentation de la marchandise diverse, et cette marchandise, dans notre système se représente elle-même. Nous métalisons, nous mobilisons, nous *monnoyons*, pour ainsi dire, les différents produits.

L'argent est la matière conventionnelle d'échange, et nous centuplons cette matière ; nous ne créons pas du papier-monnaie, mais de la monnaie marchandise. Quand avec nos bons, on pourra tout se procurer, ils seront estimés à l'égal de l'argent ; nous ne demandons pas l'anjhilation du capital, mais son énorme multiplication.

Les valeurs dont nous demandons l'émission,

ne sont-elles pas plus solides que les billets de banque? Celle-ci a le droit d'émettre trois fois autant de papiers qu'elle a de métal en valeur; et nous, nous ne mettons en circulation, que 75 p. 0/0 de nos valeurs réelles, nos bons vaudront donc 6 fois plus que ceux de la banque. Personne pourtant ne doute de ces derniers : Il en sera bientôt de même des nôtres.

Cette création opérée, le capital est plus que centuplé, il sera plus facile alors de se procurer 100 fr. qu'il ne l'est aujourd'hui de se procurer 1 fr. Toutes les choses d'ailleurs, se vendront beaucoup moins cher, comme nous l'avons prouvé ; les affaires et les jouissances seront donc 100 fois plus faciles; celà s'appelle, je pense, augmenter le bien être général.

DE LA BANQUE HYPOTHÉCAIRE.

Nous venons de voir comment le travail est devenu un capital, et comment le signe d'échange ou l'argent, se trouve multiplié, celà est le crédit personnel, reste le crédit du sol, nous serons brefs. Tous les bons esprits ont reconnu l'immense bénéfice de la banque hypothécaire, et sa solidité, elle froisse seulement des intérêts parasites, et la révolution a pour but de les faire disparaître; nous demandons donc la banque hypothécaire, comme organisation du crédit foncier.

DE L'IMPOT.

La société, pour son organisation, a des charges, l'impôt est la portion de ces charges, que doit supporter chacun. Cette portion doit être progressive et en rapport avec les bénéfices procurés par la société à l'individu.

D'après cela, nous le voyons, l'impôt ne doit frapper ni le mobilier nécessaire, ni le champ par nous cultivé. En effet, pour nous assurer cette libre jouissance, nous avons donné déjà une portion de notre liberté ; peut-on nous faire payer deux fois la même chose ?

Mais si vous jouissez des champs, que vous ne cultivez pas vous-mêmes c'est par un bénéfice de la loi ! Si vous jouissez personnellement, de choses créées pour tous les hommes, c'est par le bénéfice de la loi ! Si vous jouissez de rentes, de capitaux placés, c'est par le bénéfice de la société !

A vous tous, qui profitez particulièrement des bénéfices de la société, à en supporter les charges.

Nous l'avons dit, l'impôt doit être progressif.

En effet : Supposons une famille de quatre personnes, avec une somme de 365 fr., c'est-à-dire d'un franc par jour, (1 fr. est la somme positivement nécessaire à l'alimentation de la famille.) Si vous prenez sur cette somme un dixième, il restera 328 fr. 50 c. c'est-à-dire, vous prenez la nourriture de 36 jours et demi ; que voulez-vous que devienne cette famille pendant ce temps. Elle est obligée de diminuer sa nourriture toute l'année, elle paye avec son estomac.

Au contraire une autre famille de quatre personnes a 36,500 fr. de revenu ; par l'impôt propor-
tionnel, vous prélevez 3,650 fr, mais alors, vous
la privez seulement de quelques objets de luxe ,
mais non du nécessaire , quelqu'un oserait-il dire
ici que les charges sont réparties également ? Il
est donc une limite , où l'Impôt n'a rien à voir ni
à avoir ! Frappez le luxe, le surplus du nécessaire , mais épargnez ce dernier.

Au moment où la République a été proclamée ,
le gouvernement provisoire a été surpris par le
pouvoir ; habitué anx vieilles routines, et à les
combattre, il ne s'était pas préparé à les rempla-
cer, sans celà, il n'aurait pas decrété les 45 c.
Que fallait-il à l'État ? Une ressource de 200 millions environ. Rien n'était plus simple : Il fallait
publiér le décret suivant ; ou à peu près ; toutes
les cotes, aux rôles des contributions de 100 fr. et
au-dessous , restent les mêmes. Toutes les cotes
de 100 fr. à 200 fr. payeront 5, 6 ou 7 p. 0/0 en
sus de leurs impôts ; les cotes de 200 fr. a 300
fr. 10, 12, ou 14 p. 0/0, les cotes de 300 fr. à
400 fr. 15, 18, ou 21 fr. p. 0/0 etc., en sus de
leurs impôts de l'année, par ce moyen, on aurait
obtenu sans froisser personne outre mesure , la
somme nécessaire au trésor , et on aurait établi
en fait, comme en principe, l'impôt progressif ,
c'était chose juste, des charges semblables existent pour 1849 , nous demandons une loi pa-
reille.

L'impôt territorial est le plus injustement assis

de tous les impôts, s'il nous fallait revenir sur les bases prises en 1791, nous aurions trop d'observations à faire, mais sans aller si loin, voyez en dehors ses effets déplorables, ma vigne gèle, mon bois brûle, m'a prairie est inondée, mes produits sont nuls, je ne dois pas moins payer l'impôt.

Un champ est improductif; par mon travail, par ma sueur, je le rends fécond, aussitôt le fisc arrive et prend la part de ma peine; ne dites pas alors que vous favorisez le génie producteur, l'impôt ne fut jamais une faveur, vous tuez la production autant qu'il est en vous.

Dans ce moment la société a de lourdes charges, il nous faut bien garder nos impôts, avec leur défectuosité pour nous libérer, mais nous avons donné le moyen d'en établir d'autres sans secousse, et assez féconds, non seulement pour acquitter nos charges annuelles, mais pour les diminuer, le gouvernement doit y réfléchir.

Il est facile de dire abolissons tel impôt, mais il faut mettre une autre ressource à la place pour le trésor, or, nous vous offrons des bases justes et rationnelles pour de nouvelles ressources, et quand ces nouveaux impôts fonctionneront, vous pourrez 1° abolir les impôts injustes; tels sont l'impôt du sel, l'impôt des boissons, l'impôt personnel, l'impôt sur le mobilier nécessaire, l'impôt sur les propriétés cultivées par les propriétaires.

Enfin tous les impôts vexatoires et non luxueux.

2°. Élever les établissements nécessaires, comme des hôtels d'invalides civils, où l'on recevrait ceux qui ne peuvent plus gagner leur vie en travaillant.

En principe, dans un temps plus ou moins éloigné, l'impôt territorial doit être aboli sur les propriétés cultivées par les propriétaires, mais dès l'an 1849, pour faire face aux besoins de la situation, il faut établir par une loi, un impôt progressif, sur les cotes de 100 fr. et au-dessus, calculées sur le budget de 1847, il faut établir nos magasins et ateliers et au lieu d'augmenter les dépenses en proportion des ressources, payer nos anciennes dettes et rentrer dans un budget normal d'un milliard au plus, l'Empire payait, il est vrai, seulement de 6 à 700 millions, mais, outre les autres motifs, notre dette s'est énormément augmentée. Les gouvernements royaux le faisaient à dessein, ils voulaient intéresser le plus de monde possible à leur maintien, c'était un calcul politique, cet état de chose doit cesser. Que ne met-on, l'an prochain, un impôt progressif? sur les biens de troisième et quatrième catégorie.

DE L'INSTRUCTION.

Nous aurions encore bien des choses à dire et à demander, mais il en est une surtout, sur laquelle nous ne pouvons garder le silence; La souveraineté du peuple était écrite dans la charte de 1830, le vote universel en était la conséquence; mais à quoi nous servira ce vote universel si l'universalité en masse n'est pas assez éclairée pour juger sainement son action, la vie de l'âme d'ailleurs ou l'instruction, est-elle moins importante que la vie du corps, nous ne le pensons pas. Vous trouvez les prolétaires très bons pour faire des soldats, ils supportent leur part personnelle des charges, ils doivent avoir également leur part dans les bénéfices: En conséquence, l'éducation au premier degré au moins doit être non seulement gratuite, mais obligatoire, et dans tous les degrés, gratuite pour les enfants reconnus aptes à avancer dans la science.

On nous fait deux objections principales, d'abord, la création du papier monnaie, cette objection n'est pas sérieuse, nous créons seulement de la monnaie-marchandise. L'argent est le signe représentatif de la marchandise, dans notre système, la marchandise se représente elle-même. En second lieu on nous dit, vous voulez donc faire de l'état un fournisseur général, un banquier général; nous n'y verrions pas de grands inconvénients, puisqu'en définitif, cette banque et cette fourniture tourneraient au bien général, mais ce n'est point là ce que nous demandons, l'État ne fournit rien, seulement nous demandons des lois par lesquelles le capital arrivera au travailleur naturellement et sans usure, des établissements qui mettront en rapport direct le producteur et le consommateur.

RÉSUMÉ.

Nous n'avons pas voulu ici proposer des idées creuses et non applicables, tout ce que nous demandons est facile et rationnel, nous avons pris les principes, nous en avons déduit les conséquences logiques. La République, n'est pas seulement politique, elle est sociale. Nous avons démontré les abus principaux de l'état de chose actuel, la révolution a pour mission d'y mettre un terme. On nous dit : vous allez déranger bien des existences, mais cette crainte ne doit pas nous arrêter, nous ne froissons aucun intérêt légitime, nous n'empêchons l'action libre de personne, nous créons seulement de nouvelles institutions, ces institutions sont justes en principe et nécessaires, elles sont libres et non obligatoires. Qui donc a à se plaindre ?

On estime en France les individus en raison inverse de leur valeur, ainsi, plus un homme produit pour les autres, comme l'agriculteur, moins il est considéré, mais plus un homme consomme aux dépens des autres, sans rien produire lui-même, plus haut il est placé dans la considération publique, le contraire doit arriver et arrivera, le miel sera pour les abeilles et non pour les frélons.

En définif nous demandons.

1° Que les charges nouvelles, où l'excédant du budget de 1849 sur celui de 1847, soit exclusivement et progressivement pris sur les cotes de 100 fr. et au dessus.

2° Un réglementement progress if d'impôt sur les propriétés de la 3e et 4e catégorie, c'est-à-dire fictives et féodales, sur le luxe, sur les rentes au dessus de 1,200 fr. sur les créances hypothécaires.

3° L'organisation du commerce, ou l'établissement de bazars de vente dans tous les grands centres;

4° L'organisation du travail rural, et des ateliers de confection dans les grands centres.

5° Les primes progressives sur les objets vendus dans les bazars.

6° L'organisation du crédit personnel, ou capitalisation du travail par l'émission de monnaie marchandise.

7° L'organisation du crédit foncier ou la banque hypothécaire.

8° Le réglementement des fermages.

9° L'instruction gratuite et obligatoire au premier degré.

10° L'établissement ultérieur d'hospices des Invalides civils, et dès à présent de caisses de réserve.

Ce sont là les véritables lois organiques, sur lesquelles nous appelons l'attention de nos législateurs, nous avons donné ou cru donner les moyens de les réaliser, sans bourse délier, et sans rien abattre de ce qui existe. Mais nous ne nous bornons pas à être gens de conservation, nous sommes aussi gens d'avenir.

Hommes de labeur, mêlés à la société actuelle nous voulons son amendement, nous en appelons à la discution.

Nous n'avons pas eu la prétention de faire article par article les lois nécessaires à cette nouvelle organisation ; c'est l'affaire des législateurs.

Nous avons sommairement expliqué nos principes, et les moyens propres à mener la société à un meilleur ordre de choses, en la purgeant des parasites qui la rongent, et en soulageant la propriété rurale des charges qui l'écrasent.

Nous le savons, ces lois nouvelles à faire sont ardues, et présentent des difficultés, mais elles sont justes et nécessaires, il est du devoir d'un gouvernement républicain de les faire, dès lors il n'est ni digne, ni convenable de les tourner ou de les fuir ; il faut regarder en face ces difficultés les débattre et les résoudre.

Nous vous avons proposé nos moyens, s'ils vous paraissent mauvais ou défectueux, trouvez mieux, nous l'accepterons avec reconnaissance car avant tout, nous sommes gens de bonne foi et hommes de bonne volonté ; nous vous avons montré le mal, et proposé nos remèdes, si vous n'en avez pas de meilleurs essayez les nôtres, qu'y risquez-vous ? Mais au nom de Dieu et de

l'humanité, ne nous repoussez pas par des phrases sonores et vides, ou par d'éternelles fins de
non recevoir : ce serait un déni de justice.

Aubenas 24 décembre 1848.

A. DEMÔLE.

www.ingramcontent.com/pod-product-compliance
Lightning Source LLC
Chambersburg PA
CBHW051322060726

47596CB00004B/1438